Bienvenue dans une aventure magique avec Lumi et ZIG ! Dans ce livre, tu vas découvrir un pouvoir très spécial : l'un des plus grands pouvoirs du monde, celui de dire « MERCI »
Ce simple mot magique peut rendre ta vie et celle des autres encore plus belle et lumineuse.
Es-tu prêt(e) à partir avec nous dans cette aventure pleine de magie ?

LUMI La fée

ZIG Le magicien

Objectifs : La gratitude, c'est dire merci pour toutes les belles choses que tu as dans ta vie

LES 28 JOURS DE GRATITUDE

Pendant 28 jours, Lumi et Zig vont te montrer combien il est important et puissant de dire « MERCI »

Chaque jour, tu apprendras à apprécier des petites choses autour de toi, comme ta famille, tes amis, ou la nature.

Dire « MERCI » c'est un pouvoir qui rend tout le monde plus heureux :

Chaque jour, tu auras une petite mission : réfléchir à ce pour quoi tu es reconnaissant(e), dire merci, et parfois même faire un dessin ou écrire quelques mots.Prépare-toi à utiliser ton pouvoir magique de gratitude pour rendre le monde plus joyeux, un merci à la fois !

Chers parents, ce livre a pour objectif d'aider vos enfants à découvrir la puissance de la gratitude à travers un exercice quotidien simple et amusant. En encourageant vos enfants à dire merci et à réfléchir à ce quoi ils sont reconnaissants, vous les aider à développer des compétences importantes comme l'empathie, la positivité et la conscience des autres.

Thèmes des 28 jours :

1. Merci pour mes jouets
2. Merci pour mes parents
3. Merci pour mon maître
4. Merci pour mes amis
5. Merci pour mon école
6. Merci pour les livres
7. Merci pour la nature
8. Merci pour les saisons
9. Merci pour les cadeaux
10. Merci pour les bonnes et mauvaises notes
11. Merci pour l'amour
12. Merci pour le docteur
13. Merci pour mon corps
14. Merci pour les fruits et légumes
15. Merci pour les activités extrascolaires
16. Merci pour mon hygiène de vie
17. Merci pour ma douche
18. Merci pour mes nuits de sommeil
19. Merci pour mon anniversaire
20. Merci pour la musique
21. Merci pour mes devoirs
22. Merci pour mes bêtises
23. Merci pour les actes de gentillesse
24. Merci pour le partage
25. Merci pour le respect
26. Merci pour les animaux
27. Merci pour les rituels quotidiens
28. Merci de dire merci

JOUR 1 — Merci pour mes jouets

Lumi et zig adorent jouer ensemble.
Lumi a une baguette magique qui brille dans le noir et zig aime construire des châteaux avec ses blocs en bois, ils découvrent que leurs jouets les aident à s'amuser, à être créatifs et à partager des moments de bonheur avec leurs amis.

POURQUOI DIRE MERCI POUR MES JOUETS ?

Ils te font sourire : tes jouets te permettent de t'amuser et de passer des moments joyeux.

Ils t'aident à être créatif : avec tes jouets tu peux inventer des histoires, construire des choses et explorer ton imagination

Ils sont la pour partager : tu peux jouer avec tes amis ou ta famille et créer des souvenirs heureux ensemble

Ils t'accompagnent : que tu joues seul ou avec les autres, tes jouets t'accompagnent dans tes aventures quotidiennes

Choisis ton jouet préféré et dis-lui « merci » pour tous les moments amusants qu'il t'offre.

Dessine un nouveau jouet magique pour Lumi et ZIG

> MES JOUETS ME FONT RÊVER, RIRE ET INVENTER DES AVENTURES INCROYABLES.

JOUR 2 — Merci pour mes parents

Lumi et zig se rendent compte que leurs parents les soutiennent toujours, que ce soit pour les aider à apprendre de nouvelles choses pour les reconforter quand ils sont tristes ou pour partager des moments joyeux.
Ils comprennent que leurs parents les aiment inconditionnellement et leur apportent beaucoup de bonheur.

POURQUOI DIRE MERCI A TES PARENTS ?

Ils t'aiment et te protégent : tes parents veillent toujours à ce que tu sois en sécurité et heureux, Ils t'aident à grandir.

Ils t'apprennent : les choses importantes et t'encouragent à essayer de nouvelles expériences

Ils partagent des moments spéciaux avec toi : qu'il s'agisse de jouer, de lire une histoire ou de partager un repas, tes parents sont toujours là pour toi

Ils te soutiennent toujours : même quand tu fais des erreurs ou que tu es triste ils sont la pour t'aider et te rassurer

> Aujourd'hui dis merci à tes parents pour tout ce qu'ils font pour toi.
> Pense à un moment ou ils t'ont aidé ou rendu heureux.

Pourquoi as-tu remercié tes parents aujourd'hui et qu'ont-ils fait de spécial pour toi ?

" MES PARENTS M'AIMENT, M'AIDENT ET SONT TOUJOURS LÀ POUR MOI "

JOUR 3 — Merci pour mon maître ou maîtresse

Ce matin, Lumi et Zig réflechissent à tout ce que leur maître leur a appris. Lumi adore les histoires racontées par son maître, et ZIG se souvient des encouragements qu'il a reçu lorsqu'il avait du mal à comprendre quelque chose. Ensemble, ils réalisent que les maîtres et maitresses sont là pour les aider à grandir et à devenir plus forts chaque jour.

POURQUOI DIRE MERCI POUR TON MAITRE ET TA MAITRESSE ?

Ils t'enseignent des choses importantes : Ton maître t'aide à comprendre de nouvelles idées et à découvrir de nouvelles façon de penser

Ils t'encouragent : ils te donnent la confiance pour continuer à essayer, même quand les choses sont difficiles.

Ils sont toujours là pour t'aider : ton maître est là pour répondre à tes questions et te soutenir dans ton apprentissage

Ils rendent l'école amusante : avec des jeux, des activités, des histoires, ton maître rend chaque jour d'école plus intéressant.

Dis « merci » à ton maître ou ta maîtresse pour tout ce qu'ils t'ont appris. Pense à une leçon ou à un moment ou ils t'ont particulièrement aidé et sois reconnaissant.

Dessine ton maître ou ta maîtresse entrain de t'enseigner une leçon que tu aimes beaucoup et offre-lui en écrivant en GRAND et de manière originale MERCI

" MON MAITRE ME GUIDE CHAQUE JOUR POUR BIEN GRANDIR "

JOUR 4

Merci pour mes amis

Lumi et Zig passent une belle journée avec leurs amis. Ils jouent, rient et partagent des moments spéciaux ensemble. Mais ce qu'ils réalisent le plus, c'est à quel point leurs amis sont importants. Ils sont toujours là pour eux, que ce soit pour s'amuser ou pour les soutenir dans les moments difficiles. Lumi et Zig décident alors de dire "merci" pour leurs amis qui rendent chaque jour plus joyeux.

POURQUOI DIRE "MERCI" POUR MES AMIS ?

Ils te font rire : Les amis apportent de la joie et des rires dans ta vie. Ils transforment les moments ordinaires en souvenirs spéciaux.

Ils te soutiennent : Quand tu es triste ou que tu traverses un moment difficile, tes amis sont là pour t'encourager et te réconforter.

Ils partagent avec toi : Que ce soit des jeux, des secrets, ou des aventures, tes amis partagent toujours quelque chose de précieux avec toi.

Ils t'apprennent à être un bon ami : Grâce à eux, tu apprends l'importance de la gentillesse, du respect, et du partage.

> Aujourd'hui, pense à un de tes amis et dis-lui "merci" pour tout ce qu'il fait pour toi. Tu peux aussi lui écrire un petit mot ou lui offrir un dessin pour lui montrer ta gratitude.

Dessine une scène où tu passes un bon moment avec tes amis. Ajoute des détails sur ce que vous aimez faire ensemble et pense à ce que chaque ami t'apporte.

"Quel ami as-tu remercié aujourd'hui et pourquoi ?
Comment te sens-tu quand tu es avec lui ?"

> " UN AMI, C'EST QUELQU'UN QUI REND CHAQUE JOUR UN PEU PLUS LUMINEUX. JE DIS MERCI POUR MES AMIS. "

JOUR 5 — Merci pour mon ecole

Lumi et Zig se rendent compte que chaque jour à l'école est une nouvelle chance d'apprendre, de découvrir et de grandir. À l'école, ils apprennent non seulement des choses passionnantes comme les mathématiques, l'histoire et la science, mais ils se font aussi de nouveaux amis et apprennent à travailler ensemble. Ils décident alors de dire "merci" pour leur école, un endroit où ils deviennent chaque jour un peu plus sages.

POURQUOI DIRE "MERCI" POUR MON ÉCOLE ?

C'est un lieu d'apprentissage : Chaque jour, tu y découvres de nouvelles choses qui t'aident à mieux comprendre le monde autour de toi.

Tu y fais des amis : L'école te permet de rencontrer plein de camarades avec qui tu partages des jeux, des rires et des projets.

Tu développes des talents : Que ce soit en sport, en art ou dans les matières scolaires, l'école te donne la chance de t'améliorer et de trouver ce que tu aimes.

Elle te prépare pour l'avenir : Grâce à ce que tu apprends à l'école, tu deviens plus fort et plus prêt à affronter le monde quand tu seras grand.

Aujourd'hui, pense à quelque chose que tu aimes à l'école, que ce soit une matière, un professeur ou un moment de la journée. Dis "merci" pour ce petit détail qui rend ton expérience scolaire spéciale.

Dessine ton école et ajoute les endroits que tu préfères, comme la cour de récréation, la bibliothèque ou ta salle de classe. Raconte ce que tu aimes y faire et avec qui.

Qu'est-ce que tu as appris aujourd'hui à l'école pour lequel tu veux dire merci ?
Quel est ton moment préféré de la journée ?

> MON ÉCOLE EST UN ENDROIT OÙ J'APPRENDS ET GRANDIS CHAQUE JOUR. MERCI POUR TOUTES LES LEÇONS ET LES AVENTURES QUE JE VIS LÀ-BAS.

JOUR 6 — Merci pour les Livres

Lumi et Zig découvrent que les livres sont des portails vers des mondes merveilleux, peuplés de héros courageux et d'aventures palpitantes. En lisant, ils peuvent voyager dans le temps, explorer des lieux lointains et apprendre de nouvelles choses. Ils décident de dire "merci" pour tous les livres qui les ont fait rêver et grandir.

POURQUOI DIRE "MERCI" POUR LES LIVRES ?

Ils m'emmènent en voyage : Les livres me permettent de découvrir des mondes et des cultures différentes sans quitter ma maison.

Ils me font rêver : Grâce aux histoires, je peux vivre des aventures extraordinaires et rencontrer des personnages fascinants.

Ils m'apprennent des choses : Les livres sont une source de connaissances sur de nombreux sujets, qu'il s'agisse de science, d'histoire ou d'art.

Ils m'aident à grandir : En lisant, je développe mon imagination, mon vocabulaire et ma capacité à comprendre le monde qui m'entoure.

Aujourd'hui, choisis un livre que tu aimes et dis "merci" pour l'histoire qu'il raconte. Partage avec tes amis ce que tu as appris ou aimé dans ce livre.

Crée une affiche ou un dessin représentant ton livre préféré. N'oublie pas d'inclure le titre et les personnages principaux, ainsi qu'une phrase qui résume l'histoire.

Quel livre as-tu remercié aujourd'hui et pourquoi ? Qu'est-ce qui t'a le plus marqué dans cette lecture ?

> **LES LIVRES ME TRANSPORTENT DANS DES MONDES IMAGINAIRES ET M'APPRENNENT DE NOUVELLES CHOSES, JE LEUR DIS MERCI.**

POURQUOI DIRE "MERCI" POUR LA NATURE ?

Elle me donne de l'air frais : La nature nous offre de l'air pur et frais, essentiel pour respirer et rester en bonne santé.

Elle est pleine de vie : Les plantes, les arbres et les animaux créent un écosystème magnifique qui nous émerveille.

Elle me permet de jouer et d'explorer : La nature est un terrain de jeu où je peux courir, grimper et découvrir de nouveaux endroits.

Elle me calme et m'inspire : Passer du temps dans la nature m'aide à me détendre et à réfléchir.

Aujourd'hui, passe du temps à l'extérieur et observe la nature qui t'entoure. Pense à trois choses que tu aimes dans la nature et dis "merci" pour chacune d'elles.

Crée un carnet de nature en collectant des éléments comme des feuilles, des fleurs ou des cailloux. Dessine chaque élément et note où tu les as trouvés.

Quelle merveille de la nature as-tu remerciée aujourd'hui et pourquoi ? Comment te fais-tu sentir quand tu es à l'extérieur ?

> LA NATURE EST UN TRÉSOR QUI ME REMPLIT D'ÉMERVEILLEMENT ET DE JOIE, JE LUI DIS MERCI.

JOUR 8 — Merci pour les Saisons

Lumi et Zig se promènent à l'extérieur et réalisent à quel point chaque saison apporte sa propre beauté et ses joies. Ils découvrent que l'hiver est rempli de neige et de bonhommes de neige, le printemps est le moment des fleurs et des naissances, l'été est parfait pour les jeux à l'extérieur, et l'automne est une période de couleurs chatoyantes et de récoltes. Ils décident de dire "merci" pour chaque saison et les merveilles qu'elle apporte.

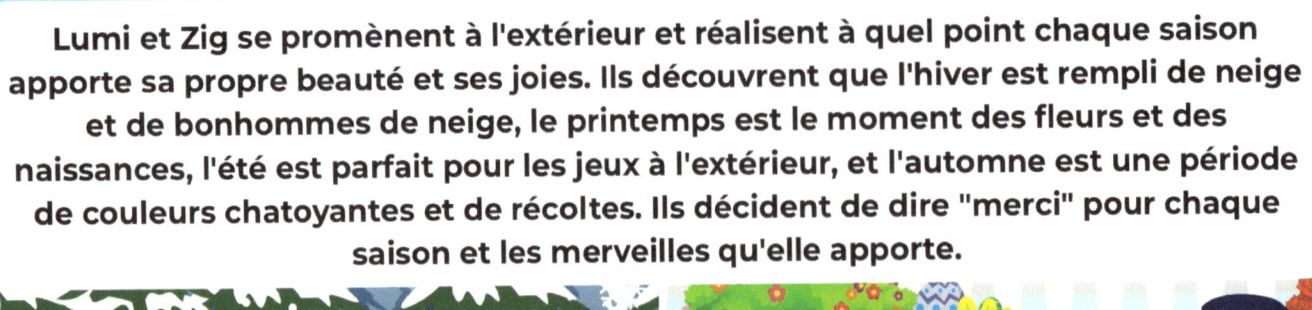

POURQUOI DIRE "MERCI" POUR LES SAISONS ?

Chaque saison a ses merveilles : Les saisons offrent des paysages différents, comme les fleurs au printemps, les feuilles colorées en automne et la neige en hiver.

Elles apportent des activités variées : Chaque saison nous permet de pratiquer des activités spécifiques, comme jouer dans la neige ou aller à la plage.

Elles nous rappellent le cycle de la vie : Les saisons nous montrent comment la nature change et se renouvelle au fil du temps.

Elles sont une source d'inspiration : Les couleurs, les sons et les senteurs de chaque saison peuvent inspirer la créativité, que ce soit en dessinant, en écrivant ou en jouant.

Aujourd'hui, choisis ta saison préférée et passe un moment à l'extérieur pour observer ce qui te plaît le plus dans cette saison.
Pense à trois choses que tu aimes faire pendant cette période.

Crée un poster des quatre saisons. Dessine ou colle des images qui représentent chaque saison et ses caractéristiques uniques.

Journal de gratitude : "Quelle saison as-tu remerciée aujourd'hui et pourquoi ? Quelle est ta mémoire ou activité préférée liée à cette saison ?"

> CHAQUE SAISON A SES PROPRES MERVEILLES QUI ME REMPLISSENT DE JOIE ET D'ÉMERVEILLEMENT, JE LUI DIS MERCI.

JOUR 9 — Merci pour les Cadeaux

Lumi et Zig se rendent compte que les cadeaux qu'ils reçoivent, qu'ils soient petits ou grands, sont toujours accompagnés de beaucoup d'amour et de générosité. Que ce soit un cadeau pour leur anniversaire, pour une fête, ou juste pour leur faire plaisir, ils comprennent que chaque présent est un geste d'affection. Ils décident alors de remercier ceux qui leur ont fait des cadeaux, en reconnaissant l'intention derrière chaque geste.

POURQUOI DIRE "MERCI" POUR LES CADEAUX ?

C'est un geste attentionné : Un cadeau est une façon de montrer qu'on a pensé à toi et qu'on veut te faire plaisir.

L'intention compte : Peu importe la taille ou la valeur du cadeau, ce qui compte le plus est le cœur avec lequel il a été offert.

Reconnaître l'effort : Choisir un cadeau demande du temps, de la réflexion, et c'est une belle preuve d'affection.

Créer des souvenirs : Chaque cadeau est lié à un moment spécial, un souvenir qui reste gravé dans le temps.

Aujourd'hui, dis "merci" pour les cadeaux que tu as reçus. Pense à un cadeau qui t'a particulièrement touché et remercie la personne qui te l'a offert.

Dessine un cadeau que tu as reçu et qui t'a rendu heureux. Cela peut être un jouet, un livre, ou même un moment partagé en famille.

Pourquoi as-tu remercié pour ce cadeau aujourd'hui, et qu'est-ce qu'il représente de spécial pour toi ?

> UN CADEAU EST UN GESTE D'AMOUR, UN PETIT TRÉSOR REMPLI DE BONHEUR.

JOUR 10 — Merci pour les Bonnes comme les Mauvaises Notes

Lumi et Zig discutent de leurs résultats scolaires et réalisent que chaque note, qu'elle soit bonne ou mauvaise, a quelque chose à leur apprendre. Ils comprennent que les bonnes notes récompensent leurs efforts, tandis que les mauvaises notes leur offrent une occasion de grandir et d'améliorer leurs compétences. Ils décident de dire "merci" pour toutes les notes qu'ils reçoivent.

POURQUOI DIRE "MERCI" POUR MES NOTES ?

Les bonnes notes me motivent : Elles me montrent que mes efforts portent leurs fruits et m'encouragent à continuer à travailler dur.

Les mauvaises notes sont des leçons : Elles m'indiquent où je peux m'améliorer et m'aident à identifier mes faiblesses pour mieux progresser.

Elles renforcent ma résilience : Faire face à des défis et à des échecs m'apprend à persévérer et à ne pas abandonner.

Elles montrent mes progrès : Les notes reflètent mon apprentissage et mon évolution au fil du temps, ce qui est important pour ma confiance en moi.

> Aujourd'hui, prends un moment pour réfléchir à une bonne note que tu as reçue et à ce que tu as fait pour l'obtenir. Puis, pense à une mauvaise note et écris trois choses que tu peux faire pour t'améliorer dans cette matière.

Crée un graphique ou un tableau où tu peux visualiser tes progrès dans différentes matières. Note tes bonnes et mauvaises notes, ainsi que tes objectifs pour chaque sujet.

Quelle note as-tu remerciée aujourd'hui et pourquoi ?
Que t'a-t-elle appris sur toi-même ?

> "MES NOTES, BONNES OU MAUVAISES, SONT DES ÉTAPES SUR MON CHEMIN D'APPRENTISSAGE, JE LEUR DIS MERCI.

JOUR 11 — Merci pour l'Amour

Lumi et Zig réalisent que l'amour est partout autour d'eux. Que ce soit l'amour de leurs parents, de leurs amis ou même de leurs animaux de compagnie, cet amour les fait se sentir spéciaux et soutenus. Ils comprennent que l'amour donne de la chaleur à leur cœur et les aide à grandir heureux. Ils décident alors de dire "merci" pour tout l'amour qu'ils reçoivent chaque jour.

POURQUOI DIRE "MERCI" POUR L'AMOUR ?

C'est un soutien : L'amour des gens qui nous entourent nous aide à nous sentir en sécurité et à surmonter les défis.

C'est une source de bonheur : Être aimé rend les moments joyeux encore plus spéciaux et nous aide à partager notre joie avec les autres.

C'est un encouragement : L'amour nous motive à donner le meilleur de nous-mêmes et à poursuivre nos rêves.

C'est un lien précieux : L'amour crée des souvenirs et des liens qui nous accompagnent tout au long de notre vie.

> Aujourd'hui, pense à une personne que tu aimes et écris-lui un petit mot pour lui dire merci.

Dessine un cœur et écris-y toutes les choses que tu aimes chez les personnes qui t'entourent.

Qui as-tu remercié pour son amour aujourd'hui et comment cela t'a fait sentir ?

> « L'AMOUR ME REND HEUREUX ET JE DIS MERCI À CEUX QUI M'AIMENT. »

JOUR 12 — Merci pour le Docteur

Lumi et Zig se rappellent des moments où ils ont été malades ou se sont blessés. Ils réalisent à quel point leur docteur a été important pour les aider à se sentir mieux, que ce soit en soignant un rhume, en donnant des conseils pour rester en bonne santé, ou en les rassurant quand ils avaient peur. Ils décident de dire "merci" à leur docteur pour tous les soins et l'attention qu'il leur a donnés.

POURQUOI DIRE "MERCI" À TON DOCTEUR ?

Il prend soin de toi quand tu es malade : Le docteur t'aide à guérir et à retrouver la santé.

Il te donne des conseils pour rester en bonne santé : Il t'explique comment prendre soin de toi pour éviter de tomber malade.

Il te rassure : Quand tu es inquiet ou que tu as peur, le docteur est là pour t'expliquer ce qui se passe et te faire sentir en sécurité.

Il est toujours là pour toi : Que ce soit pour une petite égratignure ou quelque chose de plus sérieux, le docteur est là pour t'aider.

Aujourd'hui, pense à un moment où tu es allé chez le docteur et où il t'a aidé. Prends un moment pour dire "merci" en pensée ou à haute voix, pour toute l'attention qu'il t'a apportée.

Dessine un moment où tu étais chez le docteur et où il t'a soigné. Tu peux dessiner une consultation ou un moment où tu t'es senti mieux grâce à ses soins.

Pourquoi as-tu remercié ton docteur aujourd'hui ?
Qu'a-t-il fait pour t'aider quand tu étais malade ou blessé ?

 MON DOCTEUR PREND SOIN DE MOI, M'AIDE À GUÉRIR ET JE LUI DIS MERCI.

JOUR 13 — Merci pour Chaque Partie de Mon Corps

Lumi et Zig se rendent compte que leur corps est extraordinaire. Leurs jambes les portent partout, leurs bras leur permettent de jouer et de créer, et leur cœur bat sans arrêt pour les garder en vie. Ils comprennent qu'il est important de dire "merci" à chaque partie de leur corps pour tout ce qu'elle fait pour eux, chaque jour, sans qu'ils s'en rendent toujours compte.

POURQUOI DIRE "MERCI" À TON CORPS ?

Il te permet de bouger : Tes jambes, tes bras, et tout ton corps te donnent la possibilité de courir, sauter, danser, et explorer le monde.

Il te garde en bonne santé : Ton cœur, tes poumons, et chaque partie de ton corps travaillent ensemble pour te garder en forme et en bonne santé.

Il t'aide à découvrir : Tes yeux te permettent de voir, tes oreilles d'entendre, et ta peau de sentir tout ce qui t'entoure.

Il te permet d'exprimer tes émotions : Grâce à ton visage, tu peux sourire, rire, et partager tes émotions avec les autres.

Aujourd'hui, dis "merci" à ton corps.
Pense à une partie de ton corps qui t'aide beaucoup,
comme tes pieds pour marcher, ou tes mains pour dessiner, et remercie-la.

Dessine ton corps et à côté de chaque partie, écris ce pour quoi tu es reconnaissant. Par exemple, pour les mains, tu peux dire "merci de me permettre de dessiner et de jouer".

Quelle partie de ton corps as-tu remerciée aujourd'hui et pourquoi ?
Comment cette partie t'aide-t-elle au quotidien ?

" MON CORPS EST INCROYABLE,
IL M'AIDE CHAQUE JOUR ET JE LUI DIS MERCI. "

JOUR 14 — Merci pour les Fruits et les Légumes

Lumi et Zig réalisent que les fruits et les légumes qu'ils mangent chaque jour sont pleins de couleurs, de saveurs, et surtout de bienfaits pour leur santé. Ils comprennent que chaque fruit et légume, qu'il soit rouge, vert, ou jaune, aide leur corps à grandir et à rester en forme. Ils décident alors de dire "merci" pour tous les fruits et légumes qui les nourrissent et leur donnent de l'énergie.

POURQUOI DIRE "MERCI" POUR LES FRUITS ET LES LÉGUMES ?

Ils te donnent de l'énergie : Les fruits et les légumes sont remplis de vitamines et de nutriments qui t'aident à grandir et à rester en bonne santé.

Ils sont délicieux : Avec leurs différentes saveurs, les fruits et légumes peuvent être sucrés, croquants, juteux ou acidulés, et apportent de la variété à tes repas.

Ils te protègent : Manger des fruits et des légumes aide ton corps à être plus fort et à mieux se défendre contre les maladies.

Ils viennent de la nature : Chaque fruit et légume pousse grâce à la terre, au soleil, et à l'eau, un vrai cadeau de la nature.

Aujourd'hui, dis "merci" pour les fruits et les légumes que tu manges. Pense à ton fruit ou légume préféré et remercie-le de t'apporter de l'énergie et de la santé.

Dessine un panier rempli de tes fruits et légumes préférés. Ajoute leurs couleurs vives et éclatantes et pense à chaque bienfait qu'ils t'apportent.

Quel fruit ou légume as-tu remercié aujourd'hui et pourquoi ?
Comment te fait-il sentir quand tu le manges ?

> **LES FRUITS ET LES LÉGUMES ME DONNENT DE L'ÉNERGIE ET ME GARDENT EN BONNE SANTÉ, JE LEUR DIS MERCI.**

JOUR 15 — Merci pour les Activités Extrascolaires

Lumi et Zig découvrent que les activités extrascolaires, comme le sport, la musique, et les clubs, leur apportent beaucoup de joie et d'apprentissage en dehors de l'école. Ils réalisent que ces activités leur permettent de rencontrer de nouveaux amis, de développer des compétences et de s'amuser. Ils décident de dire "merci" pour toutes ces expériences enrichissantes qui les aident à grandir.

POURQUOI DIRE "MERCI" POUR LES ACTIVITÉS EXTRASCOLAIRES ?

Elles te permettent de t'amuser : Ces activités sont souvent amusantes et te permettent de te détendre après une journée d'école.

Elles développent tes compétences : Que ce soit en apprenant un instrument de musique, en jouant au football ou en participant à un club de lecture, tu acquiers de nouvelles compétences.

Elles favorisent les amitiés : Participer à des activités extrascolaires te permet de rencontrer des personnes qui partagent tes intérêts et de te faire de nouveaux amis.

Elles t'aident à explorer tes passions : Ces activités te donnent l'occasion de découvrir ce que tu aimes vraiment faire, que ce soit dessiner, chanter, ou jouer à un sport.

Aujourd'hui, dis "merci" pour les fruits et les légumes que tu manges. Pense à ton fruit ou légume préféré et remercie-le de t'apporter de l'énergie et de la santé.

Dessine une scène de toi en train de participer à ton activité extrascolaire préférée. N'oublie pas d'ajouter des éléments qui montrent pourquoi tu aimes cette activité.

Quelle est ton activité extrascolaire préférée et pourquoi ?
Comment te sens-tu quand tu la fais ?

> LES ACTIVITÉS EXTRASCOLAIRES ME PERMETTENT DE M'AMUSER, DE RENCONTRER DES AMIS ET DE DÉCOUVRIR MES PASSIONS, JE LEUR DIS MERCI.

JOUR 16 — Merci pour mon Hygiène de Vie

Lumi et Zig réalisent que prendre soin de leur hygiène de vie est essentiel pour se sentir bien et en bonne santé. Ils découvrent que de simples habitudes comme se laver les mains, dormir suffisamment, et manger équilibré les aident à être pleins d'énergie et à rester joyeux. Ils décident de dire "merci" pour toutes ces bonnes pratiques qui les aident à grandir et à se sentir bien.

POURQUOI DIRE "MERCI" POUR MON HYGIÈNE DE VIE ?

Elle me garde en bonne santé : Une bonne hygiène, comme se laver les mains régulièrement, m'aide à éviter les maladies et à rester en forme.

Elle me donne de l'énergie : Manger équilibré et dormir suffisamment me permet de rester actif et d'avoir de l'énergie pour jouer et apprendre.

Elle améliore mon humeur : Prendre soin de moi, que ce soit par le sport ou la relaxation, me fait me sentir bien et heureux.

Elle m'aide à grandir : En adoptant de bonnes habitudes, je prends soin de mon corps et de mon esprit, ce qui m'aide à devenir une meilleure version de moi-même.

> Aujourd'hui, pense à une bonne habitude que tu as et dis "merci" pour le bien qu'elle t'apporte. Cela peut être se brosser les dents, boire de l'eau ou faire du sport.

Crée un poster représentant des bonnes habitudes d'hygiène de vie. Dessine des images ou des icônes pour chaque habitude, comme une brosse à dents, un fruit, ou un lit.

Quelle habitude de mon hygiène de vie as-tu remerciée aujourd'hui et pourquoi ? Comment te fait-elle sentir ?

> "PRENDRE SOIN DE MON HYGIÈNE DE VIE ME GARDE EN BONNE SANTÉ ET ME FAIT ME SENTIR BIEN, JE LEUR DIS MERCI."

JOUR 17

Merci pour ma douche

Lumi et Zig découvrent que prendre une douche est non seulement une façon de se nettoyer, mais aussi un moment spécial pour se sentir bien dans leur peau. Ils réalisent que l'eau les aide à se débarrasser des impuretés, à se rafraîchir et à se préparer pour la journée. Ils décident de dire "merci" pour chaque douche qui les aide à se sentir propres et énergiques.

POURQUOI DIRE "MERCI" POUR LES DOUCHES ?

Elles me gardent propre : Prendre une douche élimine la saleté et les germes, ce qui est important pour ma santé.

Elles me font du bien : L'eau chaude me détend et me fait me sentir bien après une longue journée.

Elles me réveillent : Une bonne douche le matin m'aide à me réveiller et à me sentir prêt pour la journée qui commence.

Elles sont un moment de détente : Pendant ma douche, je peux prendre un moment pour moi, chanter ou réfléchir tranquillement.

> Aujourd'hui, pense à une douche que tu as particulièrement appréciée. Dis "merci" pour ce moment de fraîcheur et de détente.

Dessine ta salle de bain idéale ou un moment de ta douche. Ajoute des éléments que tu aimes, comme des bulles de savon, des jouets en plastique, ou même des fleurs.

Quelle douche as-tu remerciée aujourd'hui et pourquoi ?
Comment te sens-tu après une bonne douche ?

" **MES DOUCHES ME GARDENT PROPRES ET ME FONT ME SENTIR BIEN, JE LEUR DIS MERCI.** "

JOUR 18

Merci pour les Nuits de Sommeil

Lumi et Zig réalisent que leurs nuits de sommeil sont essentielles pour se sentir bien et être prêts pour une nouvelle journée. Ils découvrent que dormir suffisamment les aide à grandir, à apprendre de nouvelles choses et à se sentir heureux. Ils décident de dire "merci" pour toutes les nuits où ils se reposent et récupèrent leur énergie.

POURQUOI DIRE "MERCI" POUR LES NUITS DE SOMMEIL ?

Elles m'aident à grandir : Pendant la nuit, mon corps se repose et grandit, ce qui est important pour ma santé.

Elles améliorent ma concentration : Une bonne nuit de sommeil m'aide à être plus attentif en classe et à mieux apprendre.

Elles renforcent mon humeur : Un bon sommeil me permet de commencer la journée de bonne humeur et prêt à m'amuser.

Elles m'aident à me recharger : Dormir me donne l'énergie nécessaire pour jouer, explorer et profiter de ma journée.

Aujourd'hui, pense à une nuit où tu as bien dormi et dis "merci" pour la façon dont elle t'a aidé à te sentir en forme le lendemain.

Dessine ton endroit préféré pour dormir, que ce soit ton lit, une tente ou même un hamac. Ajoute des éléments qui rendent cet endroit confortable, comme des coussins, des couvertures ou des peluches.

Quelle nuit de sommeil as-tu remerciée aujourd'hui et pourquoi ?
Comment te sens-tu après une bonne nuit de sommeil ?

> **MES NUITS DE SOMMEIL ME RECHARGENT ET M'AIDENT À GRANDIR, JE LEUR DIS MERCI.**

JOUR 19 — Merci pour mon Anniversaire

Lumi et Zig sont très excités à l'approche de leur anniversaire. Ils réalisent que cet événement spécial leur permet de célébrer une nouvelle année de vie, de recevoir des cadeaux et de passer du temps avec leurs amis et leur famille. Ils décident de dire "merci" pour chaque anniversaire qui leur apporte joie, souvenirs et amour.

POURQUOI DIRE "MERCI" POUR MON ANNIVERSAIRE ?

C'est un jour spécial pour moi : Mon anniversaire me permet de célébrer ma vie et tout ce que j'ai accompli au cours de l'année.

Je reçois de l'amour et de l'attention : C'est l'occasion de recevoir des messages, des câlins et des vœux de mes proches.

Je fais des souvenirs : Les fêtes d'anniversaire sont souvent remplies de rires, de jeux et de moments inoubliables avec mes amis et ma famille.

Je peux réfléchir sur l'année écoulée : Mon anniversaire est aussi un moment pour penser à tout ce que j'ai appris et à mes objectifs pour l'année à venir.

> Aujourd'hui, pense à un souvenir d'anniversaire qui te rend heureux. Dis "merci" pour cette expérience et pour toutes les personnes qui ont contribué à la rendre spéciale.

Dessine une scène de ton anniversaire idéal. Cela peut inclure un gâteau, des ballons, des amis, ou tout autre élément qui te rendrait heureux.

Quel aspect de ton dernier anniversaire as-tu remercié aujourd'hui et pourquoi ? Comment t'es-tu senti ce jour-là ?

> « MON ANNIVERSAIRE EST UN JOUR SPÉCIAL QUI ME RAPPELLE COMBIEN JE SUIS AIMÉ ET APPRÉCIÉ, JE LUI DIS MERCI. »

JOUR 20 — Merci pour la Musique

Lumi et Zig découvrent que la musique est un langage universel qui les fait danser, sourire et se sentir bien. Ils réalisent que chaque note et chaque mélodie a le pouvoir d'éveiller des émotions et de créer des souvenirs. Ils décident de dire "merci" pour la musique qui les accompagne au quotidien.

POURQUOI DIRE "MERCI" POUR LA MUSIQUE ?

Elle me fait danser et bouger : La musique me donne envie de me lever et de me déplacer, que ce soit pour danser seul ou avec des amis.

Elle exprime mes émotions : Quand je suis triste, heureux ou excité, il y a toujours une chanson qui reflète ce que je ressens.

Elle rassemble les gens : La musique est souvent présente lors des fêtes et des célébrations, elle unit les gens autour d'une passion commune.

Elle stimule ma créativité : Écouter ou jouer de la musique m'inspire à créer, que ce soit en dessinant, en écrivant ou en dansant.

> Aujourd'hui, écoute une chanson qui te rend heureux et dis "merci" pour les émotions qu'elle te fait ressentir.

Crée une playlist de tes cinq chansons préférées et partage-la avec tes amis. Explique pourquoi chaque chanson est spéciale pour toi.

Quelle chanson as-tu remerciée aujourd'hui et pourquoi ?
Comment te fais-tu sentir quand tu l'écoutes ?

> " **LA MUSIQUE FAIT BATTRE MON CŒUR ET ÉCLAIRE MES JOURNÉES, JE LUI DIS MERCI.** "

JOUR 21 — Merci pour mes Devoirs

Lumi et Zig parlent de leurs devoirs et réalisent qu'ils ne sont pas seulement une obligation, mais aussi une opportunité d'apprendre et de grandir. Chaque fois qu'ils font leurs devoirs, ils découvrent de nouvelles choses, renforcent leurs compétences et se préparent pour l'avenir. Ils décident de dire "merci" pour les devoirs qui les aident à progresser.

POURQUOI DIRE "MERCI" POUR MES DEVOIRS ?

Ils m'aident à apprendre : Les devoirs me permettent de comprendre ce que j'ai appris en classe et d'approfondir mes connaissances.

Ils développent ma discipline : Faire mes devoirs régulièrement m'apprend à gérer mon temps et à être responsable.

Ils me préparent pour l'avenir : En faisant mes devoirs, je me prépare pour des examens et des défis futurs, ce qui est important pour mes rêves.

Ils renforcent mes compétences : Les devoirs m'aident à améliorer mes compétences en écriture, en mathématiques et dans d'autres matières essentielles.

Aujourd'hui, choisis un devoir que tu dois faire et prends un moment pour réfléchir à ce que tu vas apprendre en le réalisant. Remercie ce devoir pour l'opportunité qu'il te donne.

Crée un poster sur un sujet que tu aimes (comme les animaux, l'espace ou l'histoire) en utilisant les informations que tu as apprises. Cela te permettra de rendre tes devoirs plus amusants et créatifs.

Quel devoir as-tu remercié aujourd'hui et pourquoi ?
Qu'est-ce que tu as appris de nouveau en le faisant ?

> MES DEVOIRS SONT DES ÉTAPES QUI ME MÈNENT VERS LA CONNAISSANCE ET LA RÉUSSITE, JE LEUR DIS MERCI.

JOUR 22 — Merci pour mes betises

Aujoud'hui Lumi et ZIG se souviennent des fois ou ils ont fait des betises. Lumi a accidentellement renversé un pot de peinture magique, et ZIG a oublié d'arroser ses plantes magiques, qui ont fini par faner. Au lieu de sentir mal, ils ont appris de ces erreurs. Ensemble, ils découvrent que même les bêtises peuvent nous enseigner des leçons précieuses !

POURQUOI DIRE « MERCI » POUR MES BÊTISES ?

Elles nous apprennent : Chaque bêtise est une occasion d'apprendre ce qu'il ne faut pas faire la prochaine fois

Elles nous rendent plus attentifs : Après une erreur, on fait plus attention à ce qu'on fait pour éviter de la répéter

Elles nous permettent de grandir : les bêtises nous aident à comprendre que personne n'est parfait et que tout le monde fait des erreurs

Elles nous aident à être plus indulgents : Faire des bêtises nous apprend à pardonner aux autres quand eux aussi en font.

Pense à une petite bêtise que tu as faite récemment.
Dis Merci pour cette expérience car elle t'a appris quelque chose.
Réfléchis à ce que tu pourrais faire différemment la prochaine fois.

Dessine une scène amusante ou Lumi et ZIG font une petite bêtise, puis montre comment ils s'en sortent et apprennent de leur erreur.

" LES BÊTISES M'AIDENT À GRANDIR CAR ELLES M'APPRENNENT À MIEUX FAIRE DEMAIN "

JOUR 23 — Merci pour les actes de gentillesse

Lumi et Zig parlent des moments où ils ont aidé leurs amis ou leur famille. Que ce soit en prêtant un jouet, en aidant à faire les devoirs ou en offrant un câlin, ils réalisent que aider les autres les rend heureux. Ils décident de dire "merci" pour ces occasions d'aider.

POURQUOI DIRE "MERCI" D'AIDER LES AUTRES ?

C'est agréable : Aider quelqu'un fait du bien et apporte de la joie.
On se sent utile : Quand j'aide, je sais que je fais une différence pour quelqu'un d'autre.
Ça renforce les amitiés : Aider les amis rend nos relations plus fortes.
C'est important : Chaque petit geste compte et montre que nous nous soucions des autres.

Aujourd'hui, pense à une manière dont tu peux aider quelqu'un. Ça peut être en prêtant un jouet, en aidant un ami avec ses devoirs ou en lui offrant un sourire.

Organise un "jour de l'aide" avec tes amis ou ta famille. Chacun peut partager une manière dont il a aidé quelqu'un récemment, puis vous pouvez discuter de ce que cela a signifié pour vous.

Qui as-tu aidé aujourd'hui et comment t'es-tu senti en le faisant ?

> **AIDER LES AUTRES REND LE MONDE MEILLEUR, ALORS MERCI À TOUS CEUX QUI M'AIDENT AUSSI !**

JOUR 24 — Merci pour ton Partage

Lumi et Zig parlent de tous les moments où ils ont partagé des choses. Que ce soit des jouets, des bonbons ou des histoires, ils se rendent compte que partager les rend heureux et les rapproche. Ils décident de dire "merci" pour ces moments de partage.

POURQUOI DIRE "MERCI" POUR LE PARTAGE ?

C'est plus amusant ! : Partager des jouets ou des jeux rend tout plus joyeux.
On apprend ensemble : Quand on partage des idées, on découvre des choses nouvelles.
Ça crée des liens : Partager fait que les amis se sentent plus proches.
C'est gentil : Quand je partage, je rends les autres heureux.

Aujourd'hui, pense à quelque chose que tu aimerais partager avec un ami. Que ce soit un jouet ou une histoire, fais-le et dis-lui pourquoi tu veux partager.

Fais un petit moment de partage avec ta famille ou tes amis. Chacun peut montrer un objet ou raconter une histoire, et vous pouvez en parler ensemble.

Qu'est-ce que tu as partagé aujourd'hui ?
Comment t'es-tu senti ?

PARTAGER REND CHAQUE MOMENT PLUS JOYEUX, ALORS MERCI À MES AMIS POUR CELA !

JOUR 25 — Merci pour le Respect et la Courtoisie

Lumi et Zig parlent de l'importance du respect et de la courtoisie. Ils réalisent que dire "s'il te plaît" et "merci", écouter les autres et être gentil font que tout le monde se sent bien. Ils décident de dire "merci" pour toutes les bonnes manières qui rendent la vie plus agréable.

s'il te plaît

Merci

POURQUOI DIRE "MERCI" POUR LE RESPECT ET LA COURTOISIE ?

Ça rend tout le monde heureux : Quand je suis poli, cela fait sourire les autres.
On se sent bien : Être respectueux me donne une bonne sensation à l'intérieur.
Ça crée de bonnes amitiés : Les gens aiment être autour de ceux qui sont courtois et respectueux.
C'est important : Le respect fait partie de la façon dont nous vivons ensemble en harmonie.

Aujourd'hui, pense à quelque chose que tu aimerais partager avec un ami. Que ce soit un jouet ou une histoire, fais-le et dis-lui pourquoi tu veux partager.

Faites un jeu de rôle avec tes amis où chacun doit utiliser des mots courtois. Par exemple, demande à quelqu'un de passer un objet en disant "s'il te plaît" et en remerciant ensuite.

Qui as-tu remercié aujourd'hui pour son respect ou sa courtoisie ?
Comment cela t'a-t-il fait sentir ?

> **LE RESPECT ET LA COURTOISIE RENDENT LA VIE MEILLEURE POUR TOUS, MERCI À CEUX QUI ME MONTRENT CELA CHAQUE JOUR !**

Jour 26 — Merci pour les animaux

Lumi et Zig passent du temps à observer les animaux dans leur jardin et au parc. Ils découvrent que les animaux, qu'ils soient des compagnons à quatre pattes, des oiseaux colorés ou même des insectes, apportent de la joie et des leçons importantes dans leur vie. Ils décident de dire "merci" pour tous les animaux qui les entourent.

POURQUOI DIRE "MERCI" POUR LES ANIMAUX ?

Ils sont de fidèles compagnons : Les animaux de compagnie, comme les chiens et les chats, sont là pour nous aimer et nous réconforter.

Ils nous apprennent des leçons de vie : Observer les animaux nous enseigne des valeurs comme la loyauté, l'amitié et le respect de la nature.

Ils apportent de la joie : Que ce soit en jouant avec eux ou en les regardant, les animaux remplissent nos vies de rires et de bonheur.

Ils sont importants pour l'écosystème : Les animaux jouent un rôle essentiel dans notre environnement, contribuant à l'équilibre de la nature.

Aujourd'hui, passe un moment à observer les animaux autour de toi. Que ce soit un oiseau dans le ciel ou un insecte sur le sol, pense à trois choses que tu apprécies chez eux et remercie-les.

Crée un livre des animaux en dessinant ton animal préféré sur chaque page. Écris une courte description ou une anecdote sur ce que cet animal signifie pour toi.

Quel animal as-tu remercié aujourd'hui et pourquoi ?
Que fais-tu lorsque tu es avec cet animal ?

> **LES ANIMAUX M'APPORTENT JOIE ET AMOUR, JE LEUR DIS MERCI POUR TOUT CE QU'ILS NOUS OFFRENT.**

JOUR 27 — Merci pour les Rituels Quotidiens

Lumi et Zig réalisent que les rituels quotidiens apportent structure et réconfort dans leur vie. Que ce soit le moment de se lever le matin, de prendre le petit déjeuner ensemble, de lire avant de dormir ou de jouer après l'école, ces petites habitudes leur apportent de la joie et de la sécurité. Ils décident de dire "merci" pour ces moments précieux qui les aident à se sentir bien.

POURQUOI DIRE "MERCI" POUR LES RITUELS QUOTIDIENS ?

Ils me donnent une routine : Les rituels m'aident à savoir ce qui va se passer chaque jour, ce qui me rassure.
Ils renforcent les liens familiaux : Ces moments partagés, comme les repas ou les activités ensemble, créent des souvenirs et rapprochent ma famille.
Ils m'aident à me concentrer : Les rituels me permettent de me préparer mentalement pour la journée, comme prendre le temps de réfléchir avant de commencer les cours.
Ils apportent de la joie : Ces petites habitudes, même les plus simples, me rendent heureux et me donnent un sentiment de satisfaction.

Aujourd'hui, pense à trois rituels quotidiens que tu apprécies particulièrement. Prends un moment pour les pratiquer en pleine conscience et remercie-les pour ce qu'ils t'apportent.

Crée un poster ou un tableau des rituels que tu aimes faire chaque jour. Dessine ou écris ce que chaque rituel signifie pour toi.

Quel rituel as-tu remercié aujourd'hui et pourquoi ?
Comment te sens-tu après avoir effectué ce rituel ?

" **MES RITUELS QUOTIDIENS M'APPORTENT JOIE ET SÉRÉNITÉ, JE LEUR DIS MERCI.** "

JOUR 28 — Merci de Dire Merci

Lumi et Zig discutent de l'importance de dire "merci". Ils se rendent compte que chaque fois qu'ils expriment leur gratitude, cela rend les autres heureux et renforce leurs amitiés. Ils décident de dire "merci" pour toutes les belles choses et les gentillesses qu'ils reçoivent.

POURQUOI DIRE "MERCI" EST IMPORTANT ?

Ça montre que je suis reconnaissant : Quand je dis merci, je montre que j'apprécie ce que les autres font pour moi.

Ça fait plaisir aux autres: Les gens aiment entendre "merci" car cela leur montre que leur geste compte.

Ça crée de bonnes relations : Dire merci aide à renforcer les amitiés et à établir de bonnes connexions.

C'est une bonne habitude : Dire merci régulièrement rend ma vie plus joyeuse et positive.

Aujourd'hui, essaie de dire "merci" à au moins cinq personnes. Ça peut être pour un petit service, un compliment ou même un sourire !

Organise un jeu où chaque personne doit dire "merci" à quelqu'un d'autre. Vous pouvez passer un objet et chaque fois que quelqu'un reçoit l'objet, il doit dire merci à la personne qui le lui a donné.

À qui as-tu dit merci aujourd'hui et pourquoi ? Comment cela t'a-t-il fait sentir ?

> **DIRE MERCI REND LES GENS HEUREUX ET MONTRE QUE JE SUIS RECONNAISSANT, ALORS JE LE FAIS CHAQUE JOUR !**

Un Voyage de Gratitude

Au cours de ces 28 jours, nous avons découvert ensemble le pouvoir du mot magique : MERCI Souviens-toi que chaque jour offre de nouvelles occasions de pratiquer la gratitude. Chaque jour, trouve une nouvelle raison de dire MERCI, et regarde comment cela transforme ta vie et celle des autres.

Pour continuer ce voyage de gratitude, prends un moment pour faire un engagement.
Je m'engage à dire merci chaque jour pour les petites et grandes choses de ma vie.

Nom :   Prénom :

Signature :   Age :

La gratitude ne doit pas s'arrêter ici. Utilise ces pages pour continuer à noter tout ce pour quoi tu es reconnaissant.

> Pour célébrer notre voyage, voici un poème :
> Merci pour le soleil qui brille,
> Merci pour les amis qui nous font sourire.
> Merci pour les rires, les jeux et les fleurs,
> Merci pour la vie et tous ses bonheurs.

Et maintenant, je t'invite à partager cette gratitude. Partage ton mot magique 'merci' avec ta famille et tes amis.

Pour te récompenser de ton engagement dans cette aventure de gratitude, voici ton diplôme :

Regarde cette belle image qui symbolise la gratitude. Que chaque fois que tu la vois, tu te rappelles de dire merci pour toutes les choses merveilleuses de ta vie.